POPPI

DOMINIK

1. Auflage

CIP-Titelaufnahme der Deutschen Bibliothek
Knickerbocker-Bande / Thomas Brezina
Der Torten-Dracula von Wien
Illustrationen: Atelier Bauch-Kiesel
Lektorat: Dr. Irene Kunze
Wien – Stuttgart: Neuer Breitschopf Verlag 1993

ISBN 3-7004-0271-6

THOMAS BREZINA

Die Knickerbocker-Bande

DER TORTEN-DRACULA VON WIEN

NEUER BREITSCHOPF VERLAG

DIE KNICKERBOCKER-BANDE

NAME: **Axel**
ALTER: 13
Er ist der Kleinste in seiner Klasse, dafür ist er aber eine Sport-Kanone und bester im Hoch- und Weitsprung und im Laufen.
HOBBYS: ändern sich wöchentlich.

NAME: **Lieselotte**
ALTER: 13
Sie ist das Superhirn der Bande. Sie kennt eine Menge Detektiv-Tricks, weil sie jeden Krimi liest, der ihr in die Hände fällt.
HOBBYS: Bergsteigen, Skilaufen.

NAME: **Dominik**
ALTER: 10
Seine Eltern sind Schauspieler und auch er hat bereits in Musicals und Filmen mitgespielt. Seine Freunde finden, er spricht wie Hamlets Vater.
HOBBYS: Lesen; er merkt sich alles.

NAME: **Poppi** (eigentlich Paula, aber das ist für sie ein Horror-Name)
ALTER: 9
Poppi besitzt einen Mini-Zoo. Sie hat drei Katzen, einen Hund, einen Papagei, Kaninchen, Goldfische und Ratten.
HOBBYS: ihre Tiere.

DIE KNICKERBOCKER-BANDE
kam auf lustige Art zu ihrem Namen: Axel, Lilo, Poppi und Dominik waren die Sieger eines Zeichenwettbewerbes für lustige bunte Lederhosen-Knickerbocker. Die vier besten Einsendungen wurden verwirklicht, und die Sieger mußten die Lederhosen bei der Preisverleihung vorführen. Das paßte ihnen nicht und sie spielten dem Firmen-Manager einen Streich, worauf er sie: „Ihr verflixte Knickerbocker-Bande" beschimpfte.
Axel, Lilo, Dominik und Poppi gefiel dieser Name so gut, daß sie ihn beibehalten haben.

KNICKERBOCKER-MOTTO:
Vier Knickerbocker lassen niemals locker.

INHALT

DER TORTEN-VAMPIR GREIFT AN

Dominik ließ vor Schreck die Kuchengabel fallen. Mit weit geöffnetem Mund starrte er zur Eingangstür der Konditorei, in der er mit seinen Knickerbocker-Freunden Axel, Lieselotte und Poppi saß.

„Gr ... Gr ... Graf Dracula!“ stieß er hervor und zeigte mit zitterndem Finger auf eine kleine, dunkle Gestalt, die sich nur wenige Schritte vom Tisch der vier Junior-Detektive entfernt befand. Ein langer, flatternder Umhang mit einem hohen, aufgestellten Kragen hing auf den schmalen Schultern des geheimnisvollen Besuchers. Sein Gesicht war leichenbleich, die Augen eingefallen und die Lippen schwarz. Aus dem Mund ragten zwei lange, spitze Eckzähne hervor.

„Das soll wohl ein Faschingsscherz sein!" sagte Axel leise. Lieselotte schüttelte den Kopf. „Das glaube ich nicht!" meinte sie. Sie spürte genau, daß Gefahr in der Luft lag. Die anderen Leute in der berühmten Wiener Konditorei Demel hatten den Vampir mittlerweile auch entdeckt und starrten ihn stumm an. Es war totenstill geworden.

Mit einem mächtigen Sprung stürzte sich der Blutsauger auf die Anrichte, auf der die kunstvoll verzierten Torten aus Schokolade, Marzipan und Früchten aufgebaut waren. Graf Dracula schlug seine langen Zähne in die leckeren Torten, riß große Stücke aus dem Teig, schlürfte, schleckte, schmatzte und spuckte.

Jetzt erst fielen den vier Knickerbocker-Freunden die grausigen Hände des Ungeheuers auf. Sie waren schwarz und faltig. Auf der Haut kräuselten sich struppige, violette Haare, und aus den Fingern wuchsen lange, spitze, lila Fingernägel.

Mit seinen großen Pranken zerfetzte und zerstörte der Vampir eine Torte nach der anderen und schleuderte die Creme- und Teigbrocken quer durch die noble Konditorei. Der Tortenmatsch landete auf Mänteln, Hüten, Hosen und in verblüfften Gesichtern. Mit Faustschlägen und wilden Bissen verwandelte das Monster, das sonst angeblich am liebsten Blut trank, jede Torte zu Matsch.

Es dauerte fast eine halbe Minute, bis die Servierfräulein aus dem Schock erwachten. „Was tun Sie da?“ rief eine der

Kellnerinnen hilflos. „Hilfe! Überfall!" kreischte eine andere. Eine dritte holte ihre Geldtasche unter der weißen Spitzenschürze hervor und schleuderte sie dem Vampir an den Schädel. Ihre Kollegin stürzte in Richtung Küche und schrie: „Ich rufe die Polizei!"

Diese Worte wirkten auf den Vampir so wie Knoblauch. Er richtete sich erschrocken auf und ergriff die Flucht.

Die Knickerbocker sprangen von ihren Stühlen und nickten einander zu. „Wir schnappen uns den Mistkerl!" rief Lilo.

Schon war Graf Dracula durch die altmodische Schwingtür auf die Straße gehastet. „Er kommt nicht schnell voran! Draußen ist Glatteis! Seid vorsichtig und brecht euch kein Bein!" warnte Axel die anderen. Er selbst war für den rutschigen

Gehsteig bestens ausgerüstet, denn er trug Laufschuhe mit kleinen Nägeln an den Sohlen.

Der Vampir war schneller, als Axel vermutet hatte. Dracula nützte die Glätte und schlitterte geschickt wie in Schlittschuhen über das Eis. Sein schwarzer Mantel flatterte im Wind, als er durch die Fußgängerzone zur Wiener Hofburg hetzte. Früher hatte dort der Kaiser gewohnt. Heute schien das alte Gemäuer zum Vampirschloß zu werden.

Axel kam dem Torten-Vampir immer näher. Graf Dracula hatte nur noch zwanzig Schritte Vorsprung, als er um die Ecke in einen düsteren Durchgang einbog und seine Schritte dort verhallten. Keuchend erreichte Axel die Maueröffnung und blieb verdutzt stehen.

DER VAMPIR BEISST ZU!

Der lange, graue Durchgang war leer. Kein Mensch und schon gar kein Vampir war zu sehen. Den Jungen fröstelte. Es war ein eiskalter Wintertag im Februar, und er war ohne Jacke aus der Konditorei gelaufen. Außerdem war ihm die Sache mit dem Vampir nicht geheuer. Er hatte mit einem Schlag Angst.

Hinter ihm tauchten nun auch seine Knickerbocker-Freunde auf. „Was ist los?“ wollte Lieselotte wissen. Axel zuckte mit den Schultern. „Der Vampir hat sich in Luft aufgelöst.“

Lieselotte, die oft als Superhirn der Knickerbocker-Bande bezeichnet wurde, zupfte an ihren langen Zöpfen. „Äh ... das gibt es nicht. Bestimmt ist er durch diesen Gang auf den nächsten Platz gelaufen.“ Axel winkte ab. „Unmöglich, das hätte ich gesehen.“ Leise fügte er hinzu: „Ich glaube, er hat sich versteckt. Aber ich habe keine Lust, da hineinzugehen!“ Lilo grinste spöttisch. „Feiger Winselhund!“ zischte sie.

Poppi zupfte Lilo aufgeregt am Pulli. Sie deutete mit dem Finger auf die linke Wand des Ganges. „Pssst ... dort!“ wisperte sie. Ungefähr zehn Meter weiter kam weißer Rauch aus der Wand. „Es handelt sich zweifellos um menschlichen Atem, der in der Kälte der Luft zu sichtbarem Dampf wird!“ stellte Dominik fest. Er schaffte es immer, die einfachsten Sachen äußerst kompliziert auszudrücken.

„Der Vampir ist in der Nische in Deckung gegangen“, sagte Lilo leise. „Kein Wort mehr! Überraschungsangriff!“ Das Mädchen gab den anderen mit dem Kopf ein Zeichen, ihm zu folgen. Es preßte sich dicht an die Mauer und setzte Fuß vor Fuß. Lieselotte wollte den geheimnisvollen Vampir überraschen und anspringen. Vielleicht gelang es ihr, den seltsamen Kerl zu überwältigen.

Lilo war am Ziel. Das Mädchen holte tief Luft und hechtete in die Maueröffnung. In derselben Sekunde sauste der Vampir aber nach vor und packte das Superhirn an den Schultern. Er riß seinen tortenverschmierten Mund weit auf, stieß einen gurgelnden Schrei aus und versuchte, Lieselotte mit seinen spitzen Eckzähnen in den Hals zu beißen. Das Mädchen hatte das Gefühl, vor Schreck zu einer Eissäule zu gefrieren, als es die Beißer an seiner Haut spürte. Der Vampir schüttelte Lilo und biß fester zu.

„Loslassen!" brüllte Axel verzweifelt und rannte auf den Vampir zu. Dieser schleuderte das geschockte Kickerbocker-Mädchen wie einen Sandsack gegen Axel, der durch den Aufprall das Gleichgewicht verlor und samt Lilo zu Boden stürzte.

Die Spukgestalt machte kehrt und verschwand in der Nische. Axel zögerte nicht, sondern sprang auf und folgte dem Vampir. „Nicht, der ist gefährlich!" schrie ihm Poppi nach, aber der Junge hörte nicht auf sie. Die „Nische" war nämlich in Wirklichkeit ein offenes Tor, das in einen großen Hof führte. Axel erkannte, wo er sich befand. Vor ihm lagen die Stallungen der Spanischen Hofreitschule, in der die weißen Pferde – Lipizzaner genannt – ihre Kunststücke zeigten. Diese Pferde konnten sogar den berühmten Wiener Walzer tanzen!

Der Vampir hatte die Schrecksekunde des Jungen nützen können, um wieder unterzutauchen. Axel war allerdings auf einen Blick klar, wo sich der Vampir versteckte. Eine Stalltür stand offen. Er war zweifellos in den Stall gelaufen.

Axel betrat den langgezogenen, besonders sauberen Stall, in dem ihm warme Luft entgegenschlug. In breiten, gemütlichen Boxen standen die weißen Pferde, kauten genüßlich Heu, schnaubten ab und zu und klapperten mit den Hufen. Vom Vampir keine Spur.

Hinter dem Jungen tauchten nun auch seine Knickerbocker-Freunde auf. Geduckt und mit eingezogenen Köpfen schlichen die Junior-Detektive durch die alte Stallung. Sie zitterten vor Spannung. Ihre Herzen jagten, und ihre Knie waren weich wie Butter. Der rätselhafte Torten-Dracula konnte jederzeit aus seinem Versteck springen und sich auf sie stürzen.

„Da!" hauchte Axel und deutete auf eine Box, deren Gatter nur angelehnt war.

Lilos Augen wurden sehr groß, als sie hinter dem Pferd im Stoh eine zusammengekauerte schwarze Gestalt erblickte. Axel zog vorsichtig das Gatter auf, damit sie den Vampir besser sehen konnten.

Als er das getan hatte, geschah etwas Entsetzliches!

DOMINIK UNTER DEN HUFEN ...

Hinter der Knickerbocker-Bande trommelte jemand mit einem Stock auf ein Metallfaß und brüllte dazu laut. Der Lipizzaner, vor dem die vier standen, drehte durch und bäumte sich unter lautem Gewieher auf. „Zurück!“ schrie Poppi. „In Deckung!“

Die vier wichen nach hinten, um nicht von den harten Pferdehufen getroffen zu werden. Dabei glitt Dominik aus und stürzte nach hinten. Er landete hart auf dem Rücken und spürte einen stechenden Schmerz in seinem Brustkorb. Der Junge bekam keine Luft. Er keuchte und japste.

Das Pferd geriet immer mehr in Panik

und trappelte aus der Box auf den Gang. Wieder schleuderte es die Hufe in die Luft und warf den Kopf hin und her. Dominik blickte auf und japste entsetzt. Über sich erkannte er die glänzenden Hufeisen des Lipizzaners, die gleich auf ihn sausen und ihn zertrampeln würden. Das Wiehern des Pferdes klang für ihn plötzlich wie höhnisches Gelächter. „Nicht!“ stieß er heiser hervor. Die Hufeisen verwandelten sich vor seinen Augen in kurze, dicke, scharfe Messer. Die Hufe wurden zu schweren Hämmern und der weiße Pferdekörper zu einer Presse, die ihn erdrükken würde. Mit einem Mal kam dem Jungen alles wie in Zeitlupe vor. Rund um ihn flogen Hosenbeine durch die Luft. Die Stimmen seiner Freunde erschallten, ohne daß er ein Wort verstehen konnte. Er würde die Knickerbocker-Kumpels niemals wiedersehen.

Neben seinem linken Ohr knallte es zweimal. Dem Knallen folgte ein Klirren und Klicken. Dominik war nicht fähig, sich aufzurichten. Er schaffte es nur, den Kopf zu drehen, und erblickte dort zwei weiße Pferdefesseln, die unruhig tänzelten. Unter lautem Stöhnen richtete sich der Junge auf und versuchte, wieder Luft in seinen Brustkorb zu pumpen.

„Ruhig . . . sei ruhig . . . psssst!" hörte der Junge Poppi flehen. Das Mädchen hatte den Mut gehabt, das Pferd an der Mähne zu schnappen und zur Seite zu ziehen. Nicht einmal dreißig Zentimeter neben dem Kopf des Jungen waren die Hufe auf den Stein geknallt.

Dominik schlotterte am ganzen Körper, als er sich erhob. „Welcher schwachsinnige Wahnsinnige hat den Krach gemacht?“ keuchte er und blickte sich um. Aber es war niemand im Stall zu sehen.

Vorsichtig drängte Poppi das Pferd zurück in die Box. Als das Tier mit dem Hinterhuf das schwarze Bündel im Stroh berührte, kam plötzlich Leben in die zusammengekauerte Gestalt. Der Mantel wurde zur Seite geworfen, und das rote Gesicht eines Mädchens wurde sichtbar. Ängstlich drückte es sich seitlich an dem Pferd vorbei und schlüpfte auf den Gang.

Axel musterte das Mädchen von oben bis unten. Es trug Jeans und eine dicke Winterjacke, schwitzte sehr und schien zu zittern. Im Stroh entdeckte der Junge Draculas blasses Gesicht und die violetten Krallenhände. Es handelte sich um eine Gummimaske und Gummihandschuhe.

Das Mädchen blickte die Knickerbokker-Freunde mit entsetzten Augen an und wollte sich aus dem Staub machen. Axel verhinderte das. Er packte das Mädchen am Ärmel, schüttelte es und schrie: „Wieso hast du die Konditorei überfallen?"

„Was? Wie? Ich? Nein!" stammelte das Mädchen. „Du hast mindestens dreißig leckere Torten zerstört!" rief Dominik. „Und Lilo hast du beinahe verletzt!" Das Mädchen schüttelte ununterbrochen den Kopf. „Nein ... ich ... war das nicht. Ich heiße Marion. Ich wollte einmal einen Lipizzaner streicheln. Es sind für mich die schönsten Pferde der Welt. Heute ist es mir gelungen, in den Stall zu schleichen. Die Pferdepfleger haben mich nicht bemerkt. Aber plötzlich ist jemand hereingerannt. Ein Monster! Es hat mich bemerkt und in die Box gestoßen. Dann hat es sein Gesicht runtergezogen, die Hände abgerissen und den Mantel auf mich geworfen. Es ist alles so schnell gegangen. Ich habe nicht gesehen, wer unter der Maske gesteckt ist."

Dominik und Lieselotte glaubten diese Geschichte nicht. Der Vampir war genauso groß wie Marion gewesen. Das Mädchen wollte den Verdacht nur von sich ablenken.

Axel deutete auf Marions Stiefel und meinte aufgeregt: „Sie sagt die Wahrheit. Ihre Sohlen sind viel zu glatt. Sie hätte nie so schnell auf dem Glatteis laufen können."

„Los, dann ist der Vampir noch im

Stall!“ rief Lieselotte. Das Superhirn, Axel und Poppi rasten von Box zu Box, konnten den Blutsauger aber nicht entdecken. „Er ist getürmt!“ meldete Axel, der einen leeren Blechkanister neben einer Tür, die aus dem Stall in ein Stiegenhaus führte, gefunden hatte. Mit diesem Kanister hatte der Vampir Krach geschlagen. Da bestand kein Zweifel. Anschließend war er geflüchtet und mittlerweile bestimmt schon untergetaucht. „Mist!“ schimpfte Lieselotte.

Da bemerkte sie, wie die Tür zum Hof leise knarrend aufschwang. Lilo machte sich auf alles gefaßt . . .

POPPI HAT EINEN VERDACHT ...

Vom Hof stürmten ein Pferdepfleger und zwei Polizisten herein. „Ich hoffe, ihr könnt das alles erklären", meinten die Polizisten mit ernster Miene.

Es folgte ein sehr unangenehmer Vomittag auf der Polizeistation. Die Knickerbocker-Bande schilderte alle ihre Beobachtungen und betonte immer wieder, daß Marion bestimmt unschuldig wäre. Aber die Kriminalbeamten glaubten den vier Junior-Detektiven nicht. Sie hielten das Mädchen für den Torten-Vampir, der die Konditorei überfallen hatte. Den Knickerbocker-Freunden machten sie schwere Vorwürfe und behaupteten, Axel,

Lilo, Poppi und Dominik hätten den Krach im Stall veranstaltet und die Pferde erschreckt. Poppi wurde vor Zorn knallrot: „Das ist nicht wahr!“ protestierte sie. „Ich bin Mitglied in sieben Tierschutzklubs, ich würde das nie tun!“ Lilo erklärte: „Wir wollten den wahnsinnigen Vampir aufhalten. Wir haben ihn nur verfolgt. Die Knickerbocker-Bande hat nämlich schon mehrere Fälle gelöst!“ Aber das glaubten die Polizisten ihnen nicht.

Kurz vor Mittag kamen Marions Eltern, die sehr aufgebracht und wütend waren. Auch sie schienen Marion die Tat zuzutrauen. „Hausarrest für die nächsten Tage!“ schrie ihr Vater. „Diese Flausen werden wir dir schon austreiben.“ Axel, Lilo, Poppi und Dominik blickten Marion mitleidig an.

Während ihre Eltern mit den Polizisten sprachen, zischte ihr Lieselotte zu: „Wo wohnst du eigentlich?“ Marion nannte ihre Adresse, und die Junior-Detektive versprachen: „Wir werden dir helfen. Wir werden beweisen, daß du nicht der Torten-Dracula warst!“

Der Angriff des Torten-Dracula hatte sich um zehn Uhr am Vormittag zugetragen. Mittlerweile war es ein Uhr mittags. Die Knickerbocker-Bande war von den Polizisten in die Konditorei zurückgebracht worden, um von dort ihre Klamotten zu holen. Danach schlenderten sie zwischen den hübschen, alten Häusern durch die Wiener Innenstadt.

„Wieso hat dieser komische Vampir das getan?“ überlegte Axel laut. Dominik, Lilo und Poppi grübelten bereits ange-

strengt, hatten aber noch keinen blassen Schimmer. „Vielleicht, um die Gäste aus der Konditorei zu vertreiben. Es könnte ein anderer Konditor den Vampir geschickt haben", vermutete Dominik. Lieselotte verwarf diese Idee sofort. „Das glaube ich nicht. Die Konditorei Demel steht jetzt in allen Zeitungen, und morgen werden noch mehr Leute als sonst dort Kaffee trinken und Kuchen essen!"

Poppi schnippte mit den Fingern und rief: „Ich denke etwas ganz anderes. Der Vampir ... hat etwas gesucht!" Axel, Lilo und Dominik brachen in schallendes Gelächter aus. „So ein Quatsch!" spottete Axel. „Was soll er in den Torten gesucht haben? Glaubst du, er wollte überprüfen, ob in der Schwarzwälder Kirschtorte auch bestimmt genug Kirschen drinnen sind?"

Poppi hatte eine andere Erklärung auf Lager: „Zum Beispiel könnte er einen Mikrofilm gesucht haben."

Lieselotte hielt nichts von dieser Überlegung. „Ich kapiere nicht, wozu das gut sein soll. Eine ‚geheime' Übergabe war es auf jeden Fall nicht, und rein zufällig versteckt niemand einen Mikrofilm in einer Torte." „Kommt, wir gönnen uns ein paar Brötchen. Ich habe Hunger!" meinte Poppi, als sie an dem winzigen Lokal mit dem unaussprechlichen Namen Trzesniewski vorbeikamen. Poppi liebte die Brötchen, und Lieselotte begleitete sie. Die Jungen vertilgten heiße Würstel bei einem Würstelstand.

Dominik bemerkte, daß er knapp bei Kasse war und machte deshalb einen Abstecher in die Filiale der Bank Austria auf dem Stephansplatz. Während er zweihundert Schilling von seinem Sparbuch abhob, studierten seine Freunde eine Anzeigentafel, die von der Bank an der Außenseite des Gebäudes angebracht worden war. Verschiedene Leuchtsäulen gaben Auskunft über die Qualität der Wiener Luft. An diesem Tag standen die Werte auf sehr gut bis gut. Nachdem der freundliche Bankbeamte Dominik das Geld ausgezahlt hatte, marschierten die vier weiter durch die Kärntner Straße und bogen in eine Nebengasse ein.

Mehr durch Zufall blickte Poppi in eine Auslage, aus der ihr zahlreiche bunte Gesichter entgegenblickten. „In diesem Laden wird die Vampirmaske verkauft. Die Gummihände liegen auch da. Und der Umhang auch!“ rief sie ihren Freunden zu. Es war genau die gleiche Verkleidung, die der Torten-Dracula getragen hatte. Auf einem altmodischen Schild über dem Eingang des Geschäftes stand in Goldbuchstaben: „Zauberklingl".

Die Knickerbocker-Bande trat durch die Ladentür in ein enges, ein wenig muffiges Geschäft mit Regalen, die bis zur Decke reichten. In ihnen türmten sich Perücken, Masken, Kostüme und Tausende Scherzartikel. Ein Pfeil verwies alle Zauberlehrlinge in den ersten Stock, wo Zaubertricks verkauft wurden.

„Guten Tag. Was kann ich für euch tun?" wurden sie von einer älteren Verkäuferin begrüßt. „Haben Sie in den letzten Tagen eine Vampirmaske, violette Gummihände und einen schwarzen Umhang verkauft?" Die Frau nickte. „Jaja, heute, gleich nachdem ich aufgesperrt habe, hat ein Mann die Dracula-Verkleidung gekauft."

„Wie hat er ausgesehen?" forschte Dominik sofort weiter. Die Frau überlegte kurz. „Merkwürdig", meinte sie schließlich. „Sehr hager und dünn. Er hatte nur wenige Haare auf dem Kopf und einen halben Schnurrbart." Als sie die ungläubigen Gesichter der Knickerbocker sah, meinte sie: „Ihr habt richtig gehört: Er hatte nur einen halben Schnauzbart. Nur über der linken Lippe. Die andere Seite war kahl. Dort hatte er eine rote Narbe. Aber wieso wollt ihr das wissen?" Lilo zögerte. Zum Glück bohrte die Verkäuferin nicht weiter, sondern erklärte locker: „Da kommt ihr genau zur richtigen Zeit. Er wird in einer halben Stunde hier sein!"

„Was???" Die Junior-Detektive trauten ihren Ohren nicht. „Ja, er hat nämlich bei mir künstliches Blut bestellt. 20 Tuben. So viele hatte ich aber nicht auf Lager, deshalb mußte ich sie bestellen. Er wollte sie gegen zwei Uhr abholen." Lilo beugte sich vertraulich zu der Frau und raunte: „Bitte, verraten Sie ihm nicht, daß wir hier waren. Es soll eine Überraschung für ihn werden", fügte sie mit einem Augenzwinkern hinzu.

Die Verkäuferin nickte. Die Knickerbocker-Bande konnte sich auf sie verlassen. Hastig verabschiedeten sie sich und verließen die Zauberklingl. „Wozu braucht der Typ soviel künstliches Blut?" fragte Poppi. „Keine Ahnung", antwortete Axel. „Aber das ist jetzt auch nicht wichtig. Kapierst du nicht, wir können dem Kerl auf die Spur kommen. Entweder ist er selbst der Torten-Vampir, oder er führt uns vielleicht zu ihm. Wir verstecken uns und warten, bis er auftaucht. Ab dann folgen wir ihm wie ein Schatten."

Damit der Mann bestimmt nichts bemerken konnte, teilte sich die Bande.

Poppi und Axel kehrten in die Zauberklingl zurück und ließen sich dort im oberen Stockwerk alle Tricks vorführen. Immer wieder warfen sie einen Blick über die Wendeltreppe nach unten.

Auf der Straße hatten Lilo und Dominik hinter einem Haustor, das eine Glasscheibe besaß, Stellung bezogen. Von hier konnten sie die Ladentür der Zauberklingl beobachten, ohne selbst gesehen zu werden.

Die halbe Stunde verstrich. „Jetzt kommt er bald!“ meinte Lilo aufgeregt und preßte ihre Nase an die Scheibe. Aber der Torten-Dracula ließ auf sich warten.

Eine Minute nach der anderen verstrich. Es war bereits zwei Uhr und fünfzehn Minuten. Von dem schmächtigen „Halb-Bart“ war nichts zu sehen. Axel und Poppi spürten, daß sie nicht länger in dem Geschäft warten konnten. Sie kauften einen billigen Zaubertrick und tappten zaghaft die enge Wendeltreppe nach unten. Als die beiden Knickerbocker auf die Tür zugingen, blieb ihnen vor Schreck fast das Herz stehen. Ein kleingewachsener Mann stürmte in den Laden. Es war der mit dem halben Bart. Er blickte den beiden Knickerbocker-Freunden direkt in die Gesichter. Die beiden mußten alle Kraft aufbringen, um ihren Schreck zu verbergen. „Auf Wiedersehen!“ rief Axel und drängte sich an dem Mann vorbei. Poppi folgte ihm.

Die beiden Junior-Detektive überquerten die Straße und liefen zu ihren Kollegen. „Er hat uns gesehen. Wir können ihn nicht verfolgen!“ berichteten sie keuchend. „Dann werden wir das übernehmen müssen“, meinte Lieselotte trocken. „Ich hoffe, er kann sich an mein Gesicht nicht erinnern. Aber wie können wir in Kontakt bleiben?“ Axel machte ein verlegenes Gesicht. „Ich wollte nicht damit angeben, aber ich habe von meinem Vater etwas geschenkt bekommen.“ Er zog ein kleines, tragbares Telefon aus der Tasche und zeigte es seinen Kollegen. „Super, wie lautet die Nummer?“ stieß Lilo hervor. Axel nannte sie ihr, und Lieselotte wiederholte sie mehrmals. „Wenn wir können, rufen wir euch an“, sagte sie und schlüpfte mit Dominik aus dem Haustor.

Axel und Poppi beobachteten, wie der Mann mit dem halben Schnauzbart zur Kärntner Straße lief und in Richtung Stephansdom abbog. Das Superhirn und Dominik folgten ihm mit einigem Abstand.

„Wohin läuft er? Glaubst du, er ist wirklich der Torten-Dracula? Ist er gefährlich?“ wollte Poppi von Axel wissen. „Weiß nicht!“ lautete die Antwort des Jungen.

Ungeduldig traten die zwei Junior-Detektive von einem Bein auf das andere.

Vielleicht hatte der Mann die Knickerbocker doch erkannt und lockte sie nun in eine Falle? Axel wollte daran gar nicht denken. Es war zu spät, um Lilo und Dominik zu warnen.

Beschwörend starrte er auf das kleine Telefon. „Bitte, piepse!“ flehte er. „Bitte!“

Aber das Telefon blieb stumm.

Zehn Minuten waren vergangen, seit Lieselotte losgezogen war. Endlich! Das Funktelefon stieß schrille Piepstöne aus.

Axel drückte auf die Empfangstaste und rief: „Hallo, Lilo?“ Aber es war nicht Lieselotte, sondern seine Mutter. Sie war zu einer längeren Plauderei aufgelegt und wollte unbedingt wissen, ob ihr Sohn auch warm angezogen war. „Jajajaja!“ brummte der Junge unruhig. Seine Mutter ließ sich nicht unterbrechen und redete immer weiter. Schließlich wußte Axel keinen anderen Ausweg mehr, als fragend „Hallo? Hallo, Mama?“ in den Hörer zu rufen. „Hallo? Ich verstehe dich nicht mehr. Der Kontakt ist schlecht!“ Er drückte die Aus-Taste und atmete tief durch. Mütter konnten anstrengend sein.

Da piepste das Telefon wieder. „O nein!“ stöhnte der Junge. „Hallo?“ meldete er sich zaghaft. „Na endlich! Mit wem quasselst du stundenlang?“ hörte er Dominik fluchen. „Ist doch gleichgültig, wo steckt ihr?“ japste Axel. „Bei der Konditorei Demel. Der Mann hat durch einen Nebeneingang das Haus betreten. Lieselotte ist ihm nach. Kommt her!“ Das ließen sich Poppi und Axel nicht zweimal sagen.

Lilo hatte ein äußerst mulmiges Gefühl im Bauch. Sie wußte, daß mit diesem Torten-Vampir etwas mega-faul war. Der Kerl führte etwas im Schilde und war bestimmt nicht ungefährlich. Höchste Vorsicht war geboten.

Im Augenblick lauschte das Mädchen an einer Holztür, hinter der sich der Mann befand. Es war der Lieferanteneingang der Konditorei, hinter dem sich wahrscheinlich die Küche und die Backstube befanden.

Der Mann war eingetreten, als wäre er hier zu Hause. Er schien in der Konditorei auch bekannt zu sein. Durch die geschlossene Tür konnte das Mädchen folgendes Gespräch belauschen:

Eine tiefe Stimme sagte: „Leopold, ich dachte, du wärst krank?"

„Bin ich auch ... ich ... habe nur was vergessen", erwiderte der Mann, den die Knickerbocker für den Torten-Dracula hielten. „Weißt du eigentlich, was mit Franz los ist? Er ist heute nacht völlig verdreckt und um zwei Stunden zu spät in die Backstube gekommen. Franz hat kein Wort gesprochen und ist um eine Stunde zu früh wieder verschwunden. Das wird selbstverständlich Folgen haben."

„Falls ich ihn sehe, richte ich es aus", versprach Leopold und hustete. Es war ein sehr gespielter Husten.

Lilo spürte, daß er bald aus der Tür auf den Hausflur treten würde, und hastete zum Stiegenhaus und lief einige Stufen nach oben. Sie ging hinter dem Geländer in Deckung.

Keine Sekunde zu früh. Leopold stürzte auf den Gang, und seine Schritte kamen näher. Er verließ das Haus also nicht. Das Mädchen machte sich so klein wie möglich. Der Mann wollte in den Keller. Er eilte die Treppe nach unten und blickte dabei glücklicherweise nicht in die Höhe. Sonst hätte er Lieselotte sofort entdeckt.

Eine Tür wurde im unteren Geschoß

aufgeschlossen. Lilo wagte sich aus ihrem Versteck und spähte über das Geländer nach unten. Licht fiel dort auf die Stufen. Als Leopold die Tür wieder schloß, verschwand auch das Licht.

Das Superhirn beschloß, nicht allein in den Keller zu gehen. Lilo lief auf die Straße, wo Dominik ungeduldig auf sie wartete. Nur eine Minute später kamen Axel und Poppi gerannt. „Los, mitkommen! Leise sein!“ befahl Lilo.

Die Knickerbocker-Bande schlich in den dunklen Keller und stand dort vor mehreren Türen. Lieselotte überlegte kurz und ging dann auf eine zu. „Dem Licht nach kann es nur die sein“, sagte sie leise. Sie legte die Hand auf die Klinke und drückte sie nieder. Die Tür schwang auf. Dahinter befand sich ein weiterer Abgang, der von zwei nackten Glühbirnen erhellt wurde.

„Habt ihr eure Taschenlampen dabei?" fragte Lilo die anderen. Allgemeines Nicken. Die vier Freunde blieben dicht hintereinander, als sie Stufe für Stufe in die Tiefe stiegen. Sie hatten das Ende der Treppe erreicht und knipsten ihre Taschenlampen an. Sie leuchteten in einen kurzen, staubigen Gang, der links und rechts von nackten Ziegelmauern begrenzt war. Der Raum war völlig leer.

„Entweder er ist schon wieder fort", krächzte Lilo, deren Kehle wie abgeschnürt war. „Oder er kann durch Wände gehen."

Axel ließ den Lichtstrahl seiner Lampe zuerst über die rechte und danach über die linke Ziegelmauer streifen. „Dieser Typ ist

Meister im Verschwinden“, stellte er fest. „Aber ich bin Meister im Geheimtürenaufspüren, und hier gibt es eine ...“ Der Junge ging nach links und betrachtete prüfend die roten Ziegel, die von einer dicken Staubschicht überzogen waren. Dabei entdeckte Axel zwei Steine, die ein wenig vorsprangen. Er leuchtete darauf und erkannte Spuren.

BLUT!

Die Ziegel hat jemand angegriffen, da gab es keinen Zweifel. Es waren deutliche Fingerspuren im Staub zu erkennen. Aber noch etwas fiel Axel auf: Auf dem Boden war Blut! Eine ganze Blutpfütze. Der Junge machte erschrocken einen Schritt zurück und zeigte den anderen, was er entdeckt hatte. Lilo konnte ihn beruhigen. „Reg dich nicht auf, das ist bestimmt das Scherzblut, das der Typ in der Zauberklingl gekauft hat!“ Ihr Knickerbocker-Kumpel war nicht sicher, ob Lieselotte recht hatte. Das Superhirn suchte den Boden vor der Ziegelwand ab und bückte sich. Es hob eine leere Tube auf, mit der es den Verdacht bestätigen konnte. „Alles klar?“ fragte sie Axel. Der Junge nickte und erinnerte sich wieder an die beiden vorspringenden Ziegelsteine. Er reichte Dominik seine Taschenlampe und packte mit jeder Hand einen Ziegel. Er rüttelte daran und spürte, wie die Steine nachgaben. Sie ließen sich herausziehen. Dabei kam aber ein ganzen Stück Mauer mit. Es sah wie ein Puzzlestein aus, der aus einem kompletten Bild genommen wurde. Allerdings bestand dieser Puzzlestein aus Ziegeln und war schwer. Die übrigen Knickerbocker kamen ihrem Freund zu Hilfe und legten gemeinsam die Geheimklappe zur Seite. Neugierig streckte Axel seinen Kopf durch die kleine Öffnung.

„Schon wieder ein Gang“, meldete er

seinen Freunden. „Ziemlich weit vorne brennt ein Licht. Sollen wir hinein?"

Die Bande stimmte ab. Alle waren dafür. „Wir dürfen jetzt aber nicht langsam sein", lautete Lilos Meinung. „Wir laufen so schnell wie möglich nach vor und schauen, woher das Licht kommt. Dann verdünnisieren wir uns wieder."

Das Superhirn kroch als erste durch die Maueröffnung. Die anderen folgten. Der Gang war zwei Meter hoch und nur einen Meter breit. Die Wände und die Decke waren notdürftig mit Verputz beworfen. Auf dem Boden lagen morsche Bretter. Die Luft war kalt und feucht.

Lieselotte mußte lange laufen, bis sie bei dem Licht angekommen war. Es handelte sich um einen Handscheinwerfer, wie ihn viele Leute im Auto mitführten. Er war eingeschaltet und stand auf dem Bretterboden.

Er leuchtete in einen Seitengang. In ihm befand sich eine Treppe, die nach oben führte. „Bis morgen in der Früh kannst du hier nachdenken, ob du mir das Versteck nicht doch verrätst", hörten sie hoch über ihren Köpfen Leopold schreien. „Tust du es nicht, liegst du in einer der Kisten. Denk daran, was ich mit deiner Mutter gemacht habe." Der Torten-Vampir lachte böse. Aber da war noch eine Stimme. Sie klang gepreßt und sehr gedämpft. Was sie sagte, war nicht zu verstehen. „Da ist ein zweiter ... der ist geknebelt!" stellte Axel fest.

Am oberen Ende der Treppe ertönte ein Knirschen. „Schnell, nach hinten in den Gang. Der verrückte Leopold kommt!" zischte Lieselotte. Die Knickerbocker-

Bande hastete tiefer in den Gang hinein, wo sie die Dunkelheit verschluckte.

„Mann-o-Meter, hoffentlich kommt Leopold jetzt nicht in diese Richtung!" schoß es Lilo durch den Kopf. „Bitte, bitte, nicht!" flehte sie im stillen.

Der Mann, der die Konditorei überfallen hatte, war am Ende der Treppe angelangt. Die vier Junior-Detektive hielten die Luft an. Er bückte sich und hob den Scheinwerfer auf. Der lange Lichtstrahl glitt durch die Finsternis, in der sich die Knickerbocker verbargen, und streifte dabei kurz über ihre Hosenbeine. „Verdammt!" fluchte Axel leise. Aber Leopold hatte sie nicht bemerkt. Er rannte mit großen Schritten auf die Geheimtür zu. Nachdem er den Gang verlassen hatte, setzte er sie wieder in die Mauer ein.

Die Bande wartete noch einige Augenblicke, um sicher zu sein, daß er nicht zurückkam. Dann ließen sie die Taschenlampen aufleuchten und tappten zu dem Treppenaufgang zurück.

Es kostete sie viel Überwindung und Kraft, den Aufstieg zu beginnen. Stufe für Stufe kämpften sie sich voran. Über ihren Köpfen tauchte schließlich eine quadratische Öffnung auf. Lieselotte leuchtete nach oben und erkannte ein weißgetünchtes Gewölbe. „Wo . . . wo sind wir da?“ flüsterte Poppi.

Lilo streckte im Zeitlupentempo ihren Kopf aus der Öffnung und schlug vor Entsetzen die Hand vor den Mund.

SÄRGE

Sie starrte auf Särge. Es handelte sich um Holzsärge, die zum Teil schon verwittert und ziemlich alt waren. Das Mädchen zog den Kopf zurück und berichtete den anderen stammelnd, wieso es so aufgebracht war.

Aus dem Gewölbe kam leises Stöhnen. „Da ist jemand . . . der Geknebelte", keuchte Dominik. „Er braucht sicher Hilfe."

„Ich . . . ich will nicht mehr hinauf!" sagte Lieselotte. Poppi verspürte auch wenig Lust. Dominik hatte der Mut ebenfalls verlassen. Es war also nun an Axel, den nächsten Schritt zu tun. Schließlich drängte er sich an seinen Freunden vorbei und stieg nach oben. Mit zittrigen Händen leuchtete er den Raum ab.

Lilo hatte leider recht. Hier stand ein Sarg neben dem anderen. Der Junge erhob sich, um einen besseren Überblick zu bekommen, und erkannte dabei, daß einer der Särge offen war. In ihm lag eine Tote. Sie trug ein altertümliches Samtkleid und hielt die Hände über der Brust gefaltet. Ihre Haut war völlig vertrocknet und wirkte wie Pergament.

Axel mußte sich sehr zusammenreißen, um nicht sofort die Flucht zu ergreifen.

Es war Dominik, der ihn mit wenigen Worten sehr beruhigte. „Ich weiß, wo wir sein könnten", meldete er. „In den Katakomben der Michaelerkirche. Das ist ein unterirdischer Friedhof." Katakomben

kannten die Knickerbocker-Freunde. Die gab es auch unter dem Stephansdom.

Das Stöhnen begann wieder. Nun wagten sich auch die anderen Junior-Detektive aus dem Treppenabgang und drängten sich dicht an Axel. Poppi war es, die den Mann dann als erste entdeckte. Er lag zwischen zwei Särgen, gefesselt und geknebelt, und wand sich wie ein Wurm.

Hilfesuchend blickte er die Bande an und versuchte, ihnen etwas zu sagen. Lieselotte lief zu ihm und riß das breite Heftpflaster von seinem Mund. „Danke . . . vielen Dank“, keuchte der Mann. Er war höchstens zwanzig Jahre alt und trug einen weißen Bäcker-Arbeitsanzug. „Sind Sie . . . Franz?“ fragte Lilo. Der Mann nickte. „Ja, woher weißt du das?“ preßte er stöhnend hervor. „Ist egal“, meinte das

Mädchen und machte sich daran, seine Fesseln zu lösen. Franz schlang plötzlich seine Arme um Lilos Hals und begann hemmungslos zu weinen. „Er hat . . . er hat meine Mutter umgebracht!“ schluchzte er. „Dieser Schuft . . . dieses Schwein . . . ich werde ihm das heimzahlen.“

Lilo saß stocksteif und sehr hilflos da. „Schon gut . . . schon gut!“ murmelte sie. Franz war völlig außer sich. „Da . . . er hat . . . er hat ihre Bluse mitgebracht . . . voll mit Blut!“ wimmerte er und hob einen weißen Stoffetzen. Axel kniff die Augen zu und riß sie wieder auf. „Aber auf der Bluse ist kein Blutfleck!“ meinte er.

Franz packte das Kleidungsstück und untersuchte es fieberhaft. „Vorhin war alles rot“, stotterte er. Lieselotte holte tief Luft. „Ja, aber das war Scherzblut aus der

Tube. Es verschwindet nach einer Weile wieder!"

Der junge Mann konnte vor Freude kaum atmen. „Dann lebt sie ... sie lebt", schluchzte er. Lilo bemerkte, wie der letzte Rest von Farbe aus dem Gesicht des Burschen wich. „Mir ist ... so schlecht ... ich ... kann nicht mehr!" stöhnte er und legte sich auf den eiskalten Steinboden zurück. Er schien einen Nervenzusammenbruch erlitten zu haben. „Was ist los? Wieso quält Sie dieser Leopold so?" wollte Lieselotte trotzdem wissen. „Ich ... kann nicht ... keine Kraft ... Kinder ... im Rathaus ... Dachboden Festsaal ... Westen von fünf ... Mitte ... holt es!" Sein Kopf kippte zur Seite, und er schloß die Augen. Poppi bebte. „Ist er ... ist er ... tot?" Lieselotte konnte sie beruhigen.

„Nein, nur bewußtlos. Wir müssen sofort die Rettung rufen."

„Aber wovon redete er?" fragte Axel. „Was hat das alles mit dem Rathaus zu tun? Was sollen wir dort holen?"

„Wir werden es bald wissen. Wir gehen sofort ins Rathaus!" entschied Lieselotte. Sie drehte den verletzten Franz vorher aber noch auf die Seite, wie sie es im Erste-Hilfe-Kurs gelernt hatte. Danach verließen die vier hastig die riesige Gruft.

Axel verständigte mit Hilfe seines Mini-Telefons die Rettung und schilderte genau, wo sich der Verletzte befand. Danach machten sich die vier auf zum Wiener Rathaus. Sie warfen dabei keinen Blick nach hinten und bemerkten deshalb auch nicht, daß diesmal die Knickerbocker-Bande verfolgt wurde ...

HILFE VON HÖCHSTER STELLE

Im Laufschritt hasteten die Junior-Detektive über die Wiener Ringstraße, am Burgtheater vorbei, auf das Rathaus zu. Verschneit sah es wie ein Märchenschloß aus, das in der Mitte einen hohen Turm besaß. Auf seiner Spitze stand eine hohe Statue, die die Gestalt eines Ritters hatte: der Rathausmann.

„Poppi hat recht gehabt!“ sagte Lilo unterwegs. „Der Vampir hat eindeutig etwas gesucht. Er hat es in den Torten vermutet. In Wirklichkeit liegt es aber auf dem Dachboden des Rathauses.“

„Was kann das sein?“ überlegte Dominik. „Etwas Kleines!“ war Axels Antwort.

Die Knickerbocker-Bande hatte das Rathaus erreicht und fragte den Portier nach dem Festsaal. „Wieso wollt ihr dorthin?“ erkundigte sich der Mann. „Äh ... wir sind von der Schülerzeitung Schummelzettel und werden einen Bericht schreiben!“ erklärte Lilo und setzte ein möglichst unschuldiges Gesicht auf. Der Portier beschrieb ihnen den Weg, und die Bande stürmte los. Der riesige Festsaal lag in einem oberen Stockwerk und wurde gerade für einen Ball hergerichtet. Als die vier Freunde eintraten, stießen sie mit einem Herrn in einem dunkelblauen Anzug zusammen. „Hoppla, ihr habt es aber eilig!“ meinte er. „Entschuldigung, aber können Sie uns sagen, ob dieser Festsaal einen Dachboden hat?“ platzte Axel heraus. Poppi versetzte ihm einen kräftigen

Stoß mit dem Ellbogen. Sie hatte den Mann erkannt. Vor ihnen stand Dr. Helmut Zilk, der Bürgermeister der Stadt.

Er lächelte belustigt über Axels Frage. „Wieso willst du das wissen?“ Axel schwindelte wieder etwas von der Schülerzeitung vor, und Dr. Zilk glaubte ihm. „Ja, über dem Festsaal befindet sich ein Dachboden. Wollt ihr ihn sehen?“ Die vier nickten heftig. „Dann kommt mit!“

Artig wie die Musterschüler trippelten die Junior-Detektive hinter dem Bürgermeister her. Sie durchquerten den Saal und traten auf einen breiten Balkon hinaus. Von dort führte sie Dr. Zilk zu einer Tür, hinter der sich eine enge Wendeltreppe befand. „Das ist der Aufgang zur Spitze des Rathausturmes“, erklärte er. „Ich war gerade selbst oben und habe auf die Stadt geschaut. Heute ist die Sicht nämlich besonders klar."

Der Bürgermeister ging voran. „Ich bekomme den Drehwurm!" meldete Poppi nach einer Weile. „Wir haben es auch schon geschafft!" rief Dr. Zilk.

Die Knickerbocker-Freunde folgten ihm in einen kahlen Raum, von wo eine Stiege direkt auf den größten Dachboden führte, den Axel je gesehen hatte. „Hier ist mindestens Platz für zwei Fußballplätze!" meinte er überrascht. Der Bürgermeister warf einen Blick auf die Uhr und rief: „Kinder, ich muß zu einer Sitzung. Wir können nicht länger hier bleiben." Lieselotte blickte ihn mit großen Rehaugen an und flötete: „Bitte, hierher kommen wir bestimmt nie wieder. Wir stellen nichts an und gehen in fünf Minuten wieder hin-

unter. Dürfen wir bleiben?“ Dr. Zilk überlegte kurz und war einverstanden. Er verabschiedete sich und ging.

„Okay, Leute, jetzt erinnert euch genau daran, was Franz gesagt hat“, wandte sich Lilo an ihre Freunde. Dominik bewies wieder einmal, wie grandios sein Gedächtnis war, und wiederholte Wort für Wort: „Dachboden Festsaal . . . Westen von fünf . . . Mitte . . . holt es! Das hat uns der Mann aufgetragen.“

„Westen von fünf . . . Mitte . . . Was soll das bedeuten?“ überlegte Lieselotte laut. Sie drehte sich im Kreis und sah sich im hölzernen Dachgebälk um. „Wo ist hier überhaupt Westen?“

In diesem Moment fiel das Sonnenlicht von draußen durch kleine, fast runde Dachluken in den Raum. „Dort ist Westen!“ rief Dominik. „Dort, wo die Nachmittagssonne scheint!“

Poppi deutete auf den Boden, wo fünf Lichtflecken strahlten. „Da . . . seht nur . . . fünf Lichtkreise!“ rief sie. „Vier bilden ein Rechteck und einer ist in der Mitte!“

Lieselotte knetete ihre Nase auf Hochtouren. „Und dort befindet sich im Boden bestimmt ein Versteck, in dem etwas liegt.“ Das Mädchen stürzte zu der Stelle und klopfte den Holzboden ab. Seine Kollegen halfen dabei. Axel versuchte mehrere Male, ein Brett zu heben, aber er hatte keinen Erfolg. Die Bretter waren alle fest vernagelt. Es klang auch nirgendwo hohl. „Mist, wir sind falsch“, brummte Lilo und klopfte den Staub von ihrer Hose. Wütend starrte sie auf die kleinen Dachluken. Mit einem Schlag war ihr alles klar!

DER MANN MIT DEM HALBEN BART

„Seht nur!“ sagte Lieselotte zu ihren Detektiv-Freunden. „Aus der mittleren Luke hängt ein Faden. Was auch immer hier versteckt ist, es befindet sich bestimmt dort!“ Axel blickte Lilo fragend an. „Kletterst du hinauf – oder soll ich?“

„Du!“ entschied das Mädchen. Diesmal hatte es einen Vorteil, daß Axel nicht sehr groß war. In den Dachbalken kam er bestimmt besser voran als Lieselotte.

Der Junge turnte geschickt nach oben und hatte schnell die mittlere, fünfte Luke erreicht. Er packte die Schnur und zog daran. Durch die Dachöffnung kam ein fuß-

reicht, unter dem der Gauner stand. Axel zögerte nicht, sondern sprang. Er streckte die Arme aus, packte den Mann im Fall und riß ihn zu Boden. Leopold war so überrascht, daß er im ersten Moment vergaß, sich zu wehren.

„Weg!" schrie Axel, rappelte sich wieder auf und raste los. Seine Knickerbokker-Freunde stürmten hinter ihm nach. Sie verließen den Dachboden und wollten über die Wendeltreppe wieder nach unten. Aber zu ihrem Entsetzen standen sie plötzlich vor zwei Türen, die völlig gleich aussahen und beide geschlossen waren. Durch welche waren sie gekommen?

Hinter ihnen tobte Leopold. Er nahm die Verfolgung auf. Lilo dachte nicht weiter nach, sondern riß die rechte Tür auf.

Verdammt! Hier gab es nur eine Treppe,

die weiter hinauf führte. Es blieb aber keine Zeit, um zur anderen Tür zu laufen. Das Superhirn rannte los und rief über die Schulter: „Tür absperren, damit er nicht nachkommen kann!“ Axel war der letzte, der das Treppenhaus betrat. Lilo hatte leicht reden. Im Schloß der Tür steckte kein Schlüssel. Also schlug sie der Junge nur zu und rannte nach oben.

Die nächste Tür. Lieselotte stieß sie auf und trat auf einen schmalen Balkon hinaus. Eisiger Wind pfiff um ihre Ohren. Unter ihr lagen der verschneite Rathausplatz und der Rathauspark. Die Menschen wirkten von hier oben wie Ameisen.

„He, wir sind schon bei der Rathausuhr!“ stellte Dominik keuchend fest. Über ihnen befand sich das Zifferblatt, das von der Erde aus so klein wirkte. Hier oben konnten die Knickerbocker erkennen, daß die Zeiger mindestens zwei Meter lang waren.

„Ahhhh!“ Mit einem lauten Schrei tauchte Leopold in der Türöffnung auf. Die Freunde brüllten vor Schreck. Wieso waren sie stehengeblieben?

Wieder bewies Axel Mut und sprang mit beiden Beinen gleichzeitig in die Höhe und dem Mann in den Bauch. Der Gauner wurde zurückgeschleudert, verlor das Gleichgewicht und stürzte die Treppe hinunter.

„Wir ... wir müssen wieder hinunter!“ rief Lieselotte. Das Mädchen hatte mittlerweile die nächste Tür entdeckt und steuerte darauf zu. Aber dahinter befand sich auch wieder eine Wendeltreppe, die weiter nach oben führte. Der Bande blieb nichts anderes übrig, als sie zu benutzen. Sie konnten unmöglich an Leopold vorbei nach unten gelangen.

Immer höher und höher hetzten die Junior-Detektive den Rathausturm hinauf. Bald war auch dieser Aufgang zu Ende, und sie erreichten die nächste Stiege. Diesmal lag sie im Freien und war aus Metall. Auf den Trittplatten lag Schnee und Eis.

„Hinauf! Kommt!" kommandierte Lieselotte. Sie packte den Handlauf und hielt sich gut daran fest. Bald hatten sie die Spitze des Turmes erreicht, und was dann? „Ich Idiot, ich mache genau das Verkehrte!" schimpfte Lieselotte im stillen mit sich selbst. Falls Leopold noch einmal aufgekommen war, konnte er sie in die Enge treiben. „Hinunter! Wieder zurück!" rief das Superhirn. Aber es war zu spät!

100 METER ÜBER DEM BODEN

Durch die offene Tür des Stiegenhauses drang das Brüllen und Toben von Leopold. Was auch immer sich in dem Beutel befand, der Mann wollte es unbedingt haben.

„Nein, rauf... schnell!" trieb Lieselotte ihre Freunde an. Der Wind wehte hier oben noch schärfer und noch kälter. Durch die hohen, offenen Bogen in den Mauern konnte er ungehindert durch. Diese Öffnungen ließen den vier Junior-Detektiven den Blick auf die Dächer des Rathauses und der Stadt frei. Sie waren jetzt 100 Meter über dem Boden und hatten das Ende der Treppe erreicht. Alle vier bekamen schweißnasse Handflächen, wenn sie in die Tiefe blickten. „Was ... was machen wir jetzt? Leopold kommt sofort!“ wimmerte Dominik. Lieselotte sagte sich ununterbrochen den Wahlspruch ihres Vaters vor: Auch in schwierigsten Situationen nicht aufhören zu denken. Bewahre einen klaren Kopf.

Das war jetzt leichter gesagt als getan. Das Mädchen drehte sich auf der kleinen Plattform, auf der sie sich befanden, und zitterte am ganzen Körper. Gab es keinen Ausweg? Saßen sie wirklich in der Falle?

Da fiel ihr Blick auf eine Leiter. Sie hing vom Dach des Turmes herab und reichte bis zum schmiedeeisernen Geländer, das die Plattform umgab. „Wir ... wir müssen da rauf!“ sagte Lilo leise. „Du spinnst ja!“ fuhren sie ihre Kumpels an. Das Brüllen von Leopold kam immer näher.

Lilo beugte sich über das Geländer und überprüfte, wohin die Leiter führte. „Sie endet beim Rathausmann, der oben auf dem Turm steht!“ meldete das Superhirn. „Der Rathausmann ist eine riesige Ritterfigur. Kommt, wir müssen raufklettern. Schnell, Leopold darf uns hier nicht sehen! Er wird denken, wir wären bei einem anderen Abgang hinuntergerannt, und – hoffentlich – umdrehen.“

Lieselotte wartete nicht mehr. Sie schwang sich über das Geländer und bekam einen Schweißausbruch, als sie hinunterblickte. Ein falscher Schritt, und sie würde in den Tod stürzen. Das Mädchen zwang sich, nach oben zu blicken, und klammerte sich an den eiskalten Leitersprossen fest.

Es stieg bis zum Ende der Leiter, wo noch eine zweite begann. Auch diese erklomm es und erreichte so die eisernen Schuhe des Rathausmannes. Hinter ihr kam Dominik. Dann Poppi, den Abschluß bildete Axel.

Die Knickerbocker-Freunde saßen auf der höchsten Spitze des Rathausturmes und zitterten vor Kälte und Angst. In ihren Ohren sauste und rauschte der Wind. Wo war Leopold? Hatte er aufgegeben, weil er die vier nicht mehr sehen konnte?

Die Junior-Detektive wagten es nicht, zu sprechen. Ihr Verfolger hätte sie hören können. Die Angst der vier Freunde war unbeschreiblich. Das bange Warten schien kein Ende zu nehmen.

Lieselotte hatte das Gefühl, daß mindestens zehn Minuten vergangen waren. „Wir ... wir klettern wieder runter ... ich halte es hier nicht aus!“ rief sie nach unten Dominik zu. Dieser gab das Kommando weiter, und die Bande stieg Sprosse für Sprosse nach unten.

Der Plan war aufgegangen. Leopold war weder zu sehen nach zu hören. Bestimmt suchte er schon woanders.

Erst jetzt bemerkte das Mädchen die starren Gesichter seiner Freunde. Axel, Poppi und Dominik standen dicht beisammen und schienen eingefroren zu sein. „Was ist?“ fragte Lilo.

Hinter den drei Knickerbocker-Freunden tauchte das blutige, verschrammte und wutverzerrte Gesicht von Leopold auf.

„Das ist!“ knurrte er mit heiserer Stimme. „Und jetzt her mit dem Säckchen, sonst werfe ich deine Freundin hinunter!“ drohte er. Axel ließ die Hand unter seine Jacke gleiten und zog den Lederbeutel hervor. Im Zeitlupentempo reichte er ihn an Leopold weiter. Der Mann schnappte ihn und stopfte ihn hastig in die Jackentasche. Danach packte er Poppi und schrie: „Aber dich werfe ich trotzdem runter! Ihr werdet mich nicht verraten, ihr dämliche Brut!“

Poppi brüllte so laut und schrill wie nie zuvor. Sie wollte sich wehren, aber Leopolds Hände waren viel zu kräftig. Der

Mann war klein und schmächtig, besaß aber die Kraft eines Tigers. Das Mädchen spürte, wie der Boden unter seinen Schuhen verschwand und es in die Luft gehoben wurde. Es kippte über das Geländer und starrte auf die weiße Fläche des Rathausplatzes. Wie ein riesiger Fleck schien sie auf Poppi zuzurasen. „Neiiin!" kreischte das Mädchen. „Niiiiiicht! Neeeiin!" Das jüngste Mitglied der Knickerbocker-Bande bekam Übergewicht nach vorne und rutschte über die Eisenstange. Poppi wurde schwarz vor den Augen. Sie verlor die Besinnung.

Lilo, Axel und Dominik stockte fast der Atem vor Angst um ihre Freundin. Wie Roboter stürzten sie auf Leopold und packten die Beine und Arme ihrer Freundin. Sie rissen das Mädchen zurück und kämpften erbittert gegen den starken Mann. „Ihr verlaßt den Turm nicht lebend!“ drohte Leopold und trat nach den Junior-Detektiven. Dabei geschah es. Er glitt auf der dünnen Eisschicht aus, die das Metall bedeckte, und rutschte zwischen den Gitterstäben der Plattformeinfassung durch. Mit einem lauten Schrei verschwand er aus dem Blickfeld der Knickerbocker.

Lilo und Dominik konnten vor Schreck nicht anders. Sie schrien einfach. Axel war der einzige, der die Fassung bewahrte und Poppi in Sicherheit brachte.

„Leopold ... ist abgestürzt!“ stieß Lieselotte hervor. Sie wollte nicht nach unten blicken, wo der Mann jetzt schon tot im Schnee liegen mußte.

Ein leises, verzweifeltes Stöhnen drang aus weiter Ferne an ihre Ohren. „Hilfe ...

bitte helft mir!" keuchte jemand mit letzter Kraft. Das Mädchen senkte den Kopf und machte einen Schritt nach hinten.

Der Mann war nicht abgestürzt. Seine Beine hingen in der Luft. Mit den Händen aber klammerte er sich an den Eisenstäben der Brüstung fest. Lange würde er das nicht mehr durchhalten.

„Wir müssen ihm helfen!" entschied Lilo. Axel, Dominik und das Superhirn knieten sich nieder und packten mit einem Sicherheitsgriff die Unterarme des Mannes. Mit vereinten Kräften schafften sie es dann tatsächlich, ihn nach oben zu ziehen, wo er wie ein Seehund auf die Plattform robbte. Keuchend blieb er liegen. „Und jetzt keine faulen Tricks mehr!" zischte Lieselotte. Dazu war Leopold aber ohnehin nicht mehr fähig.

Noch am selben Abend saßen die vier Knickerbocker-Freunde im Büro des Wiener Bürgermeisters und berichteten von ihrem Unternehmen. Nachdem sie geschildert hatten, was sich auf dem Turm abgespielt hatte, meinte der Bürgermeister: „Ich gerate schon ins Schwitzen, wenn ich euch nur zuhöre. Kinder, wie konntet ihr das nur machen? Wenn euch etwas zugestoßen wäre, hätte ich die Verantwortung getragen. Nie hätte ich mir das verzeihen können."

Betreten blickten die Junior-Detektive zu Boden. Standpauken dieser Art hatten sie schon öfter gehört. Das Telefon klingelte, und Dr. Zilk hob ab. Er schien einen längeren Bericht zu bekommen und sagte immer wieder nur: „Jaja ... unglaublich ... jaja!" Als er auflegte, blickte er von einem Knickerbocker zum anderen. „Ihr habt eine Kunst-Katastrophe verhindert!" teilte er den vier Freunden mit. „Wißt ihr eigentlich, was sich in dem Beutel befunden hat?"

Axel nickte. „Edelsteine. Jede Menge ziemlich großer Edelsteine!"

„Richtig! Dieser Geheimgang, den ihr heute kennengelernt habt, führt nämlich nicht nur in die Katakomben der Michaelerkirche, sondern bis zur Schatzkammer der Wiener Hofburg. Dort werden die Kronen, die Reichsäpfel, die Zepter, der Schmuck und die Prunkkleidung der österreichischen Herrscher aufbewahrt und ausgestellt. Dieser Franz und dieser Leopold haben es geschafft, in der vergangenen Nacht in die Schatzkammer einzusteigen. Die Alarmanlage war ausnahmsweise nicht in Betrieb, da sie gewartet wurde. Die Burschen haben die Gelegenheit genützt und bei zahlreichen Kronen die großen Edelsteine gegen völlig wertlose, nachgemachte Steine ausgetauscht."

„Dann müssen sie diesen Coup schon lange geplant haben", warf Axel ein. „Aber er ist äußerst schlau", merkte Lieselotte an. „Eine ganze Krone ist unverkäuflich. Edelsteine aber nicht."

Der Bürgermeister gab ihr recht. „Dieser Franz hat aber plötzlich Lust bekommen, das große Geld allein zu machen und ist mit den Edelsteinen davongerannt und hat Leopold im Gang eingeschlossen. Anschließend ist er hier ins Rathaus gekommen, wo er als kleiner Junge manchmal auf den Dachboden durfte. Sein Großvater war nämlich hier Wachebeamter, und von damals besaß Franz noch immer einen Schlüssel. Nachdem er die Steine versteckt hat, ist er in die Backstube zur Arbeit gegangen. Bekanntlich beginnt der Tag für Bäcker meistens um zwei Uhr in der Früh.

Leopold konnte durch die Katakomben entkommen und hat seinen Komplizen in der Backstube überrascht. Er beförderte ihn zurück in das unheimliche Gewölbe und wollte von ihm erfahren, wo sich der Schmuck befand. Franz wollte Zeit gewinnen und hat behauptet, sie wären in einer Torte." Mit einem Schlag war Lieselotte etwas klar: „Ich weiß jetzt, wozu das Vampir-Theater gut war", rief sie. „Leopold mußte alle Torten untersuchen, aber wie sollte er das machen? So ist er auf die Idee mit der Vampir-Verkleidung gekommen!"

Die beiden Gauner hatten alles gestanden und kamen hinter Gitter.

Am nächsten Tag, nachdem sie sich ausgeschlafen hatten, gab es im Rathaus für die Knickerbocker-Freunde ein Fest. Mit dabei war natürlich auch Marion, deren Unschuld endgültig bewiesen war.

„Eigentlich würde ich euch gerne eine Auszeichnung verleihen", meinte der Bürgermeister. „Aber ich weiß nicht, welche!"

„Ich hätte einen Vorschlag", meldete sich Axel. „Wie wär's mit dem großen Knickerbocker-Orden für erstklassige Detektivarbeit?"

Die Knickerbocker-Freunde lachten schallend. Sie fanden die Idee spitzenklasse, und der Bürgermeister stimmte in ihr Gelächter ein ...

LILO

AXEL